Alexandre MBOK

La clé qui ouvre la porte du Royaume de Dieu

Alexandre MBOK

La clé qui ouvre la porte du Royaume de Dieu

Une trompette sur la seconde venue de Christ, et le dernier Signe avant l'Enlèvement de l'Église

Éditions Croix du Salut

Imprint
Any brand names and product names mentioned in this book are subject to trademark, brand or patent protection and are trademarks or registered trademarks of their respective holders. The use of brand names, product names, common names, trade names, product descriptions etc. even without a particular marking in this work is in no way to be construed to mean that such names may be regarded as unrestricted in respect of trademark and brand protection legislation and could thus be used by anyone.

Cover image: Fourni par l'auteur

Publisher:
Éditions Croix du Salut
is a trademark of
International Book Market Service Ltd., member of OmniScriptum Publishing Group
17 Meldrum Street, Beau Bassin 71504, Mauritius

Printed at: see last page
ISBN: 978-613-7-37059-9

Copyright © Alexandre MBOK
Copyright © 2019 International Book Market Service Ltd., member of OmniScriptum Publishing Group

SOMMAIRE

PRÉFACE

Quand le Seigneur était encore dans le corps de Sa chair, et sachant combien le temps est court pour l'appel de tous les élus, Il déclara à Ses disciples, je cite : « *Il faut que Je fasse, tandis qu'il est jour, les œuvres de Celui qui M'a envoyé ; la nuit vient, où personne ne peut travailler* » **Jean 9 : 4**.

Il est aussi clair que tout disciple accompli, non seulement est, mais aussi, fait comme son Maître. Les chrétiens ont donc le sens de travailler pour le Maître pendant qu'il fait encore jour, afin de faire entrer tous ceux que le Père a appelés à Lui.

C'est dans cette optique que le frère **Alexandre MBOK**, soucieux de voir des âmes sortir de l'aveuglement dans lequel Satan les a plongées, a été inspiré à écrire et à mettre à la disposition de notre peuple, cette petite brochure qui contient quelques enseignements de grande importance, mais sous une forme simplifiée et facile à lire.

« **La clé qui ouvre la porte du Royaume de Dieu** »

Peut être considéré comme un résumé, mais substantiel, des points qui y sont traités.

En parcourant cette brochure dans un esprit de prière et d'humilité, le lecteur sera grandement édifié et acquerra la Connaissance qui transforme l'esprit et donne la Vie.

Nous recommandons ardemment cet ouvrage non seulement à ceux qui ne sont pas encore entrés en contact avec le Message de Dieu pour l'Âge de Laodicée, mais aussi aux croyants de ce Message, le Message de l'heure, lesquels y trouveront le moyen d'affermir leur connaissance et leur conviction dans la Vérité présente.

Il ne nous reste plus qu'à vous souhaiter « bon appétit » à la table de **Malachie 4** et **Apocalypse 10**.

Que le Seigneur déverse sur tous les lecteurs une onction spéciale de foi, de révélation, et de sagesse.

Docteur
Jean-Paul YOKO à BELLE Junior

DÉDIÉ À TOUS LES ENFANTS DE LA LUMIÈRE

« *On n'allume pas une lampe pour la mettre sous le boisseau, mais on la met sur le chandelier, et elle éclaire tous ceux qui sont dans la maison* » **Matthieu 5 : 15.**

INTRODUCTION

« *Si j'annonce l'Évangile, ce n'est pas pour moi un sujet de gloire, car la nécessité m'en est imposée, et malheur à moi si je n'annonce pas l'Évangile !* » **1 Corinthiens 9 : 16**.

Je ne suis ni Apôtre, ni Prophète, ni Docteur, ni Pasteur, et encore moins Évangéliste (**Éphésiens 4 : 11**). Mais je suis un fils de Dieu conduit par l'Esprit de son Père. « *Car tous ceux qui sont conduits par l'Esprit de Dieu sont fils de Dieu* » **Romains 8 : 14.**

Comment un même arbre peut-il porter plusieurs branches différentes? La branche d'origine, et les branches greffées. Chaque branche produisant les fruits selon son espèce.

La première église organisée et maquillée,Babylone la grande (**Révélation 17 : 4-5**) encore appelée Jézabel n'est pas une femme stérile, elle a des filles qui lui ressemblent. Les églises de plus en plus nombreuses utilisent la même Bible, mais chaque église a son nom, sa doctrine, et ses croyants.Le peuple est confus, l'unité de la foi (**Éphésiens 4 : 13**) est brisée. Dieu ne nous a pas envoyés organiser des églises. Une seule est vraie, l'Église de Jésus, le Corps mystique de Christ. « *Nous avons tous, en effet été baptisés dans un seul Esprit, pour former un seul Corps* » **1 Corinthiens 12 : 13**.

La Bible est la Parole écrite de Dieu, c'est l'Urim et le Thummim d'aujourd'hui, la référence finale (**Matthieu 24 : 35**).

Méfiez - vous du levain des Pharisiens et des Sadducéens (**Matthieu 16 : 6**), retournez à la Doctrine de la Bible après chaque prédication. « *Ces Juifs avaient des sentiments plus nobles que ceux de Théssalonique ; ils reçurent la Parole avec beaucoup d'empressement, et ils examinaient chaque jour les écritures, pour voir si ce qu'on leur disait était exact* » **Actes 17 : 11**.

Ce petit livre inter-dénominationnel n'est pas une œuvre littéraire, ni l'enseignement d'une église.C'est une œuvre d'évangélisation inspirée de la Sainte Bible, et le Message du temps de la fin (**Zacharie 14 : 7**). Malgré les fautes et les erreurs qui peuvent conduire humblement à la sagesse, ma prière est que ce petit livre soit une source de bénédiction pour tous.Vous y trouverez la révélation sur **la véritable nouvelle naissance**, **le baptême d'eau selon la Bible**, **le vrai Prophète de Dieu en ce temps de la fin**, et **la Divinité Suprême de Jésus Christ,** conformément à la vision de l'aigle.

En lisant cette œuvre entre les lignes, dans le contexte de l'auteur, vous pourrez certainement améliorer vos connaissances, et augmenter votre croissance spirituelle jusqu'à la stature d'un homme parfait (**2 Pierre 1 : 5-7**).

Le premier homme parfait, même après sa chute n'a pas cherché Dieu, car on ne cherche pas Celui qui est omniprésent. N'allez pas chercher au loin le Seigneur qui Se tient à la porte de votre cœur et Il frappe. « *Voici, Je Me tiens à la porte et Je frappe. Si quelqu'un entend Ma voix et ouvre la porte, J'entrerai chez lui, Je souperai avec lui, et lui avec Moi* » **Révélation 3 : 20**.

Quand vous soupez avec le Seigneur, vous êtes seul, vous ne vous appuyez pas sur la doctrine de votre église, ni sur la foi de quelqu'un d'autre. Vous devez vous appuyer dans la Bible, le seul livre que Dieu nous a donné pour examiner toutes choses (**1 Thessaloniciens 5 : 21**).

CHAPITRE I : LA VÉRITABLE NOUVELLE NAISSANCE

Nicodème allait à l'église, il prêchait la Parole, mais il n'était pas né de nouveau. Il ne suffit pas d'adhérer à une église ou à une organisation, avoir son nom écrit dans un registre, partager les brochures religieuses, porter un habit blanc ou une tenue de l'église pour entrer au Royaume de Dieu. Mais,Il faut naître de nouveau. Pour comprendre la nouvelle naissance, il faut connaitre l'ancienne.

I- LA NAISSANCE CHARNELLE

« *Voici, je suis né dans l'iniquité, et ma mère m'a conçu dans le péché* » **Psaumes 51 : 7**.

Que s'est-il réellement passé au jardin d'Éden entre Ève et le serpent ancien ? **Le rapport sexuel qui introduit la naissance charnelle ou manger le fruit défendu ?**

« *Dieu est Esprit…* » **Jean 4 : 24**. Il a tout créé par la Parole. L'homme créé à l'image de Dieu est esprit (**Genèse 1 : 27**). Il devait tout faire par la Parole. C'est lui qui a reçu pour bénédiction d'être fécond, et se multiplier par la Parole. « *Toutes* *choses ont été faites par Elle, et rien de ce qui a été fait n'a été fait sans Elle* » **Jean 1 : 3.**

L'ange Gabriel a prononcé la Parole, Marie a conçu, l'Enfant est né sans péché, et la Parole a été faite chair (**Jean 1 : 14**). C'est de cette manière que chaque fils ou fille de Dieu devrait naître.

« *Soyez fécond, multipliez, remplissez la terre* ». Il ne faut pas confondre la reproduction par la Parole (**Genèse 1 : 28**), et la fécondation par la chair (**Genèse 9 : 1**). L'une donne naissance à la Parole, l'autre permet de repeupler la terre après le déluge.

Adam et Ève étaient tous deux **nus,** et ils n'en avaient pas **honte** (**Genèse 2 : 25**). Cette précision sur la **nudité** et la **honte** est très importante pour préparer le lecteur sur ce qui va arriver entre l'homme et la femme en Éden.

Dans le jardin d'Éden, il y avait des arbres fruitiers physiques. L'Arbre planté au milieu du jardin produit la Vie, tandis que l'arbre mélangé du bien et du mal produit la mort (**Genèse 2 : 9**); ce sont les arbres fruitiers spirituels. Dieu avait donné cette loi à l'homme : « *Tu ne mangeras pas de l'arbre de la connaissance du bien et du mal, car le jour où tu en mangeras, tu mourras* » **Genèse 2 : 17.**

Cette mort signifie la séparation entre l'homme et Dieu. Il ne s'agit pas de manger comme on mange les aliments; car tout ce qui se mange par la bouche ne souille pas l'homme (**Matthieu 15 : 17-**

18). Il s'agit d'un enseignement satanique mélangé du bien et du mal.

La Bible utilise parfois le mot arbre pour désigner les humains (**Juges 9 : 8-15**). La femme est un arbre, chacun de nous est une semence sortie de cet arbre.Sur le corps de la femme, il y a un fruit, une petite motte de terre qu'on ne devrait pas manger.

Proverbes 30 : 18-20 *« Il y a trois choses qui sont au-dessus de ma portée, même quatre que je ne puis comprendre : La trace de l'aigle dans les cieux, la trace du serpent sur le rocher, la trace du navire au milieu de la mer, et la trace de l'homme chez la jeune femme. Telle est la voie de la femme adultère : Elle mange, et s'essuie la bouche, puis elle dit : Je n'ai point fait de mal »*.

La Bible confirme que manger c'est aussi commettre adultère. C'est ce qu'Ève a fait avec le serpent ancien au jardin d'Éden. Elle mangea le fruit défendu, le serpent déposa sa semence en elle, et elle devînt enceinte de Caïn.

Le serpent ancien (**Révélation 12 : 9**) était le plus rusé de tous les animaux des champs, il parlait la langue des hommes, et Dieu lui parlait comme s'il était un homme (**Genèse 3**). Il avait le sang humain, marchait sur ses pieds c'est-à-dire debout. Il était plus proche de l'homme que le chimpanzé, c'est après avoir séduit Ève qu'il fut maudit, et condamné à ramper (**Genèse 3 : 14**).

La femme vit que le fruit (le sexe) était bon à manger, elle en donna à son mari qui était auprès d'elle, il en mangea par amour, et elle devînt enceinte d'Abel. Dès ce moment, Adam et Ève découvrirent leur **nudité** et ils en eurent **honte.**

Suivons leur première réaction : Ils cherchent les feuilles de figuier pour cacher leur sexe. **Pourquoi cacher leur sexe ?** Cette réaction nous montre que la chose s'est passée au niveau du sexe, et non au niveau de la bouche.

Dieu dans Sa justice a dit à la femme : Tu enfanteras avec douleur **(Genèse 3 : 16),** parce qu'elle était déjà enceinte.

Que ce soit la réaction de l'homme, que ce soit la punition de Dieu, tout montre qu'il s'agit de sexe et non de la bouche. **Car il n'y a aucun rapport entre manger un fruit, cacher son sexe, et enfanter avec douleur**.

En lisant littéralement la Bible, **Genèse 4 : 1-2** « *Adam connut Ève, sa femme ; elle conçut, et enfanta Caïn et elle dit : J'ai formé un homme avec l'aide de l'Éternel...* ».

La Bible ne peut pas dire que Caïn était du malin (**1 Jean 3 : 12**), et dire que le même Caïn était fils d'Adam (**Genèse 4 : 1**). Caïn ne peut pas avoir deux ou trois pères, puisque par la suite Ève a dit : « J'*ai formé un homme avec l'aide de l'Éternel* ». Ève n'était pas couverte du Saint Esprit comme Marie, elle a été séduite par le serpent ancien avant Adam, c'est à ce moment qu'elle a conçu Caïn, puisqu'elle a été séduite une seule fois.

La conjonction « **et** » dans le texte de **Genèse 4 : 1** « *Adam connut Ève, sa femme; elle conçut,et enfanta Caïn...* » sert seulement à relier les éléments de la phrase, elle ne nous permet pas de savoir qu'au moment où Adam connait sa femme, la semence du serpent était déjà déposée en elle. C'est après le serpent qu'elle alla vers Adam pour recevoir la semence d'Abel. Suivons attentivement le cheminement dans la Bible.

Dieu dit à Adam dans **Genèse 3 : 11-13** «... *Est-ce que tu as mangé de l'arbre dont Je t'avais défendu de manger ? L'homme répondit : La femme que Tu as mise auprès de moi m'a donné de l'arbre, et j'en ai mangé. Et l'Éternel Dieu dit à la femme : Pourquoi as-tu fais cela ? La femme répondit : Le serpent m'a séduite, et j'en ai mangé* ».

Le serpent a séduit Ève avant Adam, Caïn était donc le fils du malin, et Adam n'était pas le malin. **La lignée d'Adam passe par Seth, car il n'est mentionné nulle part dans la Bible que Caïn était descendant d'Adam**.

Caïn avait le caractère de Satan son père, qui a été meurtrier dès le commencement (**Jean 8 : 44**). Personne ne lui a appris à tuer, pourtant il a tué Abel. Il est donc exclut que Caïn le meurtrier soit issu d'Adam qui vient du Dieu très Saint.

La révélation sur la semence du serpent s'emboite parfaitement avec toute la Bible. De l'Ancien au Nouveau Testament, le serpent a toujours eu une postérité. « *Je mettrai une inimitié entre toi et la femme, entre ta postérité et sa postérité* » (**Genèse 3 : 15**). Caïn était de la postérité du serpent ancien, et Abel, de la postérité d'Adam. Ce qui revient à dire que Ève est la mère de tous les vivants; les enfants du malin, et les Enfants de Dieu (**Matthieu 13 : 38**). Il n'y a que les deux semences dans le monde ou dans l'église. La Parole arrose la semence, mais Elle ne change pas sa nature. La véritable marque de la bête c'est la semence du serpent.

Le serpent debout qui est devenu le serpent rampant ne parle plus, comme ce fut le cas au jardin d'Éden. Cet être qui se situait entre l'homme et le chimpanzé a été maudit par Dieu (**Genèse 3 : 14**). C'est là que se trouve le chainon manquant de l'histoire de l'humanité que les scientifiques cherchent en vain dans les grottes et les faucilles.

La Bible ne parle nulle part d'une pomme entre Adam et Ève. Nous devons donc savoir que depuis la période du jardin d'Éden jusqu'à nos jours, c'est le problème de sexe qui trouble tous les hommes et les femmes. Ce n'est pas un simple fruit indéterminé, c'est le sexe.

Adam et Ève n'ont pas voulu marcher dans la **volonté parfaite** de Dieu, se reproduire par la Parole (**Jean 1 : 3**). Dieu les a effectivement laissés marcher dans Sa **volonté permissive**, se reproduire par la chair.

Le rapport sexuel qui donne naissance à un enfant charnel, ne nous permet pas d'entrer dans le Royaume de Dieu. Chacun de nous a en lui un côté animal, hérité du serpent ancien.

Nous naissons dans la douleur et les pleurs.C'est l'ancienne naissance instaurée par le serpent ancien au jardin d'Éden.

Dieu nous permet de faire cela, pourtant ce n'est pas Sa volonté parfaite. Comme Dieu ne change pas d'avis au sujet de Sa Parole, Il exige la nouvelle naissance pour entrer dans Son Royaume.

II- LA NOUVELLE NAISSANCE

Jean 3 : 5 « *Jésus répondit : En Vérité, en Vérité, Je te le dis, si un homme ne naît d'eau et d'Esprit, il ne peut entrer dans le Royaume de Dieu* ».

La véritable nouvelle naissance, c'est la grâce de croire la véritable Parole, être baptisé d'eau selon la révélation du Saint Esprit, et naître dans la volonté parfaite de Dieu, par la Parole dans l'âme.

La Parole donne naissance à la Parole, chaque semence se reproduit selon son espèce (**Genèse 1 : 11**). On est Enfant de Dieu par prédestination ; nous étions dans la Pensée de Dieu avant la fondation du monde. Nous sommes conçus dans le péché, nés dans l'iniquité (**Psaumes 51 : 7**). Au moment où on naît de nouveau, on devient Enfant de Dieu manifesté non selon la chair, mais selon l'Esprit. « *Mais à tous ceux qui L'ont reçue, à ceux qui croient en Son Nom, Elle a donné le pouvoir de devenir Enfants de Dieu,* *lesquels sont nés, non du sang, ni de la volonté de la chair, ni de la volonté de l'homme, mais de Dieu* » **Jean 1 : 12-13**.

Certains veulent entrer au Royaume de Dieu en jouant au jeu d'argent pour s'enrichir.« *Mais ceux qui veulent s'enrichir tombent dans la tentation, dans le piège, et dans beaucoup de désirs insensés et pernicieux qui plongent les hommes dans la ruine et la perdition* » **1 Timothée 6 : 9**. D'autres veulent plaire à un homme ou à une église. Celui qui compte sur son église pour être sauvé est perdu. C'est la foi dans l'œuvre achevée par Christ au calvaire qui sauve. Mieux vaut plaire à Dieu qui sonde les cœurs, et non plaire à un homme (**1 Thessaloniciens 2 : 4**).

Ce n'est pas jeûner, ni parler en langues,ni chasser les démons, qui ouvre la porte du Royaume de Dieu. Quelle que soit notre confession religieuse, riche ou pauvre, Pasteur ou laïc, nous devons avoir une expérience personnelle avec Dieu au sujet de la nouvelle naissance. « *Je répandrai sur vous une eau pure, et vous serez purifiés; Je vous purifierai de toutes vos souillures et de toutes vos idoles. Je vous donnerai un cœur nouveau, et Je mettrai en vous un Esprit nouveau…* » **Ézéchiel 36 : 25-26**.

Quelques-uns parmi nous sont nés de nouveau, ils ont une relation personnelle avec Dieu, mais ils n'opèrent aucun miracle apparent. D'autres chassent les démons, guérissent les malades, font beaucoup de miracles sous l'onction de **Matthieu 7 : 22-23**, mais ils ne sont pas véritablement nés de nouveau.

L'onction du Saint Esprit est une pluie spirituelle qui descend sur les croyants et sur les non croyants (**Matthieu 5 : 45**). En d'autres termes, la pluie naturelle qui arrose le blé, c'est la même pluie qui arrose l'ivraie. Il ne faut pas confondre la nouvelle naissance, et l'onction du Saint Esprit. L'un est une naissance, l'autre est une onction. L'un nous donne la vie éternelle, l'autre nous donne le pouvoir de faire des miracles, de prophétiser ou de parler en langues. « *Quand je parlerais les langues des hommes et des anges, si je n'ai pas l'Amour, je suis un airain qui raisonne, ou une cymbale qui retentit* » **1 Corinthiens 13**.

Quelqu'un peut être oint du Saint Esprit pour servir, et aller en enfer comme l'un des douze. **Matthieu 10 : 1** « *Puis, ayant appelé Ses douze disciples, Il leur donna le pouvoir de chasser les esprits impurs, et de guérir toute maladie et toute infirmité* ».Judas était parmi les douze, il avait reçu le même pouvoir, mais il était un démon religieux (**Jean 6 : 70**).

Chasser un démon ou guérir une maladie n'est pas la garantie d'entrer dans le Royaume de Dieu, il faut naître de nouveau. « *Voici, Je vous ai donné le pouvoir de marcher sur les serpents et les scorpions, et sur toute la puissance de l'ennemi ; et rien ne pourra vous nuire. Cependant, ne vous réjouissez pas de ce que les esprits vous sont soumis ; mais réjouissez-vous de ce que vos noms sont écrits dans les cieux* » **Luc 10 : 19-20.**

« *En Lui vous aussi, après avoir entendu la Parole de la Vérité, l'Évangile de votre salut, en Lui vous avez cru et vous avez été scellés du Saint Esprit qui avait été promis*» **Éphésiens 1 : 13.**

Le Saint Esprit est le Sceau de Dieu, la marque de la propriété de Dieu. Une jeune sœur qui porte l'anneau de fiançailles, elle est scellée par son fiancé avant le mariage, elle est sa propriété, elle ne peut plus se séparer de lui comme Marie ne pouvait pas se séparer de Joseph. Quand Dieu nous scelle de Son Esprit Saint, c'est la preuve que nous avons la clé qui ouvre la porte du Royaume de Dieu. Notre foi n'espère pas en la clé, mais elle la possède.

La foi est une révélation qui vient de Dieu. « *Ainsi la foi vient de ce qu'on entend, et ce qu'on entend vient de la Parole de Christ* » **Romains 10 : 17**. Pour grandir dans la foi, il faut fournir les efforts, traverser les épreuves, et produire les œuvres. Une foi qui ne produit pas les œuvres est morte (**Jacques 2 : 26),** tandis qu'une foi active introduit le croyant dans le plan de construction parfaite, pour devenir un grand chantier du Saint Esprit. « *Si l'Éternel ne bâtit la maison, ceux qui la bâtissent travaillent en vain* » **Psaumes 127 : 1.**

Il y a deux différentes sortes de foi, deux différentes sortes de vertus, deux différentes sortes de connaissances, deux différentes sortes de tempérances…Il y a une foi mentale qui est donnée par la nature, et la Foi parfaite est donnée par la Parole (**Romains 10 : 17**). Quand le Saint Esprit descend en nous, notre foi mentale devient la Foi parfaite. Elle n'est pas dans un homme ou dans une église, elle est dans la Parole infaillible de Dieu.

« *À cause de cela même, faites tous vos efforts pour joindre à votre foi la vertu, à la vertu la science, à la science la tempérance, à la tempérance la patience, à la patience la piété, à la piété l'amour fraternel, à l'amour fraternel la Charité* » **2 Pierre 1: 5-7.**

Les vertus dont Pierre parle ici sont les vertus humaines ; elles s'obtiennent par un effort personnel que le croyant fournit graduellement pour s'accorder avec la Parole qu'il entend, et le Saint Esprit lui vient seulement en aide jusqu'à l'amour fraternel, s'il persévère jusqu'à la fin. Sans l'aide du Saint Esprit, nous ne pouvons rien (**Jean 15 : 5**).

L'amour fraternel appelle l'Amour divin (la Charité). La Pierre de Faîte descend pour sceller l'édifice qui est bâtit sur la Pierre Angulaire. C'est la seule descente de l'Esprit dans le croyant, c'est la véritable nouvelle naissance. Les vertus naturelles sont transformées en vertus surnaturelles.

Notre foi mentale devient une révélation de Dieu. C'est sur la révélation encore appelée pierre que Dieu bâtit Son Église dans un croyant (**Matthieu 16 : 17-18**). « *Ne savez-vous pas que vous êtes le Temple de Dieu, et que l'Esprit de Dieu habite en vous ?* » **1 Corinthiens 3 : 16**. Maintenant, ce n'est plus vous qui vivez, c'est Christ qui vit en vous (**Galates 2 : 20**).

Vous avez la Foi de Jésus, la Vertu de Christ, la Connaissance spirituelle de la Parole… « *Si quelqu'un est en Christ, il est une nouvelle créature. Les choses anciennes sont passées ; voici, toutes choses sont devenues nouvelles* » **2 Corinthiens 5 : 17**.

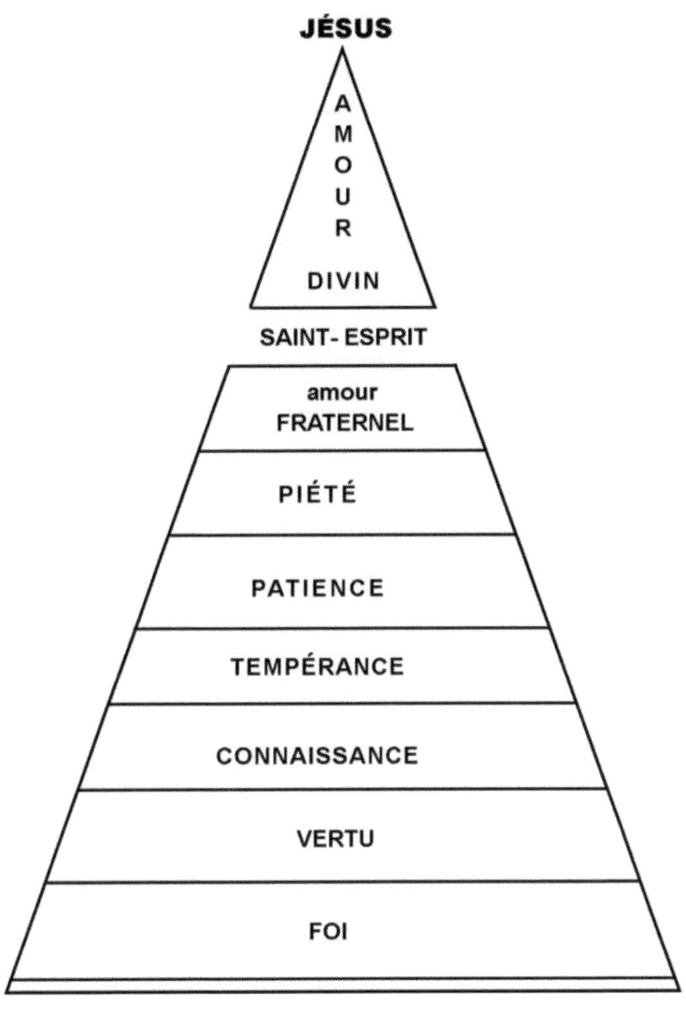

LE SCHÉMA DE LA VÉRITABLE NOUVELLE NAISSANCE

2 Pierre 1 : 5-7

CHAPITRE II : LE VRAI BAPTÊME D'EAU SELON LA BIBLE

1 Pierre 3 : 21 « *Cette eau était une figure du baptême, qui n'est pas la purification des souillures du corps, mais l'engagement d'une bonne conscience envers Dieu…* »

On pratique le baptême dans toutes les églises dites chrétiennes, malheureusement beaucoup d'églises se trompent sur ce sujet. C'est pourquoi nous nous proposons de vous parler du baptême d'eau selon la Bible.

Dans l'Ancien Testament (**Exode 14 : 22**), les enfants d'Israël ont tous été baptisés en Moïse dans la mer rouge (**1 Corinthiens 10**). Dans le Nouveau Testament, Jean prêchait dans le désert de Judée, et il baptisait dans le fleuve du Jourdain (**Matthieu 3 : 1-6**).

Toutefois Jésus Lui-même ne baptisait pas (**Jean 4 : 2**). Il avait donné la commission du baptême à Ses disciples :« *Allez, faites de toutes les nations des disciples, les baptisant au nom du Père, du Fils et du Saint Esprit…* » **Matthieu 28 : 19.**

Pour que cette commission soit mise en pratique, le Saint Esprit a parlé au travers de Pierre à la Pentecôte à Jérusalem (**Actes 2 : 38**). Car c'est Pierre qui avait les clés du Royaume (**Matthieu 16 : 19**).

Les Apôtres et les disciples remplis du même Saint Esprit ont baptisé par immersion au Nom de Jésus-Christ. Après le concile de Nicée tenu en l'an 325, l'église par manque de révélation a introduit le baptême trinitaire par aspersion. On asperge même les bébés et les petits enfants aux titres du Père, du Fils, et du Saint Esprit pour faire des disciples les gens de tout âge.

I- LE BAPTÊME DES BÉBÉS ET DES PETITS ENFANTS

Marc 10 : 13-16 « *On Lui amena des petits enfants, afin qu'Il les touchât. Mais les disciples reprirent ceux qui les amenaient. Jésus, voyant cela, fut indigné, et leur dit : Laissez venir à Moi les petits enfants, et ne les en empêchez pas ; car le Royaume de Dieu est pour ceux qui leur ressemblent. Je vous le dis en Vérité, quiconque ne recevra pas le Royaume de Dieu comme un petit enfant n'y entrera point. Puis Il les prit dans Ses bras, et les bénit, en leur imposant les mains* ».

Ce passage biblique ne fait aucune mention du baptême d'eau, mais plutôt de bénédiction. Pourtant, bon nombre d'églises s'y réfèrent pour baptiser les bébés et les petits enfants, au lieu de les bénir.

D'autres se réfèrent à **Actes 16 : 30-34** et pensent que le geôlier de Paul et Silas s'était fait baptiser avec tous les gens de sa maison. Ils avancent l'hypothèse selon laquelle les enfants pouvaient éventuellement se trouver dans cette maison.

Avant que le baptême eut lieu dans la maison du geôlier, il est écrit : « *Et ils lui annoncèrent la Parole du Seigneur ainsi qu'à tous ceux qui étaient dans sa maison* » **Actes 16 : 32.** Les personnes présentes dans la maison, ayant entendu la Parole du Seigneur, vinrent à la foi avant de se faire baptiser. « *Celui qui croira et qui sera baptisé sera sauvé...* » **Marc 16 : 16.** Avant d'être baptisé, il faut premièrement croire (**Actes 8 : 36-37**). C'est anti-Parole de baptiser un bébé ou un petit enfant qui ne croît pas.

Avec les parents chrétiens ou pécheurs, tous les bébés sont nés dans le péché, mais le Sang de Jésus purifie, et fait l'expiation pour eux, jusqu'à ce qu'ils atteignent l'âge où ils savent ce qui est bien, et ce qui est mal. C'est à partir de ce moment que chacun a le droit de se repentir du mal qu'il a fait, avant de prendre l'engagement d'une bonne conscience envers Dieu.

Que devons-nous faire avec les bébés et les petits enfants avant l'âge de la raison ?

Il faut présenter les bébés et les enfants à Christ qui les a donnés, c'est la consécration. Au huitième jour, Jésus était encore un bébé, Joseph et Marie Le portèrent à Jérusalem au temple, pour Le présenter au Seigneur, et non pour Le baptiser (**Luc 2 :21-22).**

Montrer à l'enfant le chemin qu'il doit suivre (**Proverbes 22 : 6**), ce chemin c'est Jésus la Parole.« *Jésus lui dit : Je suis le Chemin, la Vérité, et la Vie. Nul ne vient au Père que par Moi* » **Jean 14 : 6**. On ne vient pas à Dieu au travers d'une église ou d'une organisation, on vient à Dieu au travers de Sa Parole correctement enseignée. « *Et vous, pères, n'irritez pas vos enfants, mais élevez-les en les corrigeant et en les instruisant selon le Seigneur»* **Éphésiens 6 : 4**.

« *Or, le Seigneur c'est l'Esprit ; et là où est l'Esprit du Seigneur, là est la liberté* » **2 Corinthiens 3 : 17**. L'église des parents n'est pas héréditaire. Quand l'enfant devient grand, il a la liberté de choisir son église comme on choisit une épouse. Au moment où l'enfant croit, sans aucune pression des parents, il confesse ses péchés avant de prendre **gratuitement** le baptême chrétien.

Nous appelons péché : « Commettre adultère, voler, mentir, des choses comme cela ». Mais ce n'est pas cela le péché, ce sont les attributs du péché. **Le péché c'est l'incrédulité envers la Parole**. La Bible déclare dans **Jean 3 : 18** « *...Celui qui ne croit pas est déjà jugé...* ». Il sera condamné (**Marc 16 : 16**), il n'a aucun droit au baptême. L'une des ruses du diable dans l'église, c'est de faire baptiser les gens symboliquement, et leur faire croire qu'ils sont nés de nouveau.

Le baptême est un acte qui n'enlève aucun péché (**1 Pierre 3 : 21**). Il symbolise la mort, l'ensevelissement,et la résurrection en Jésus Christ. « *Ignorez-vous que nous tous qui avons été baptisés en Jésus-Christ, c'est en Sa mort que nous avons été baptisés ? Nous avons donc été ensevelis avec Lui par le baptême en Sa mort, afin que, comme Christ est ressuscité des morts par la gloire du Père, de même nous aussi nous marchions en nouveauté de vie* » **Romains 6 : 3-4**.

L'aspersion des bébés et des petits enfants est un symbole qui ne correspond ni à la mort, ni à l'ensevelissement, ni à la résurrection de Jésus Christ.

II- LE VRAI BAPTÊME D'EAU SELON LA BIBLE

Actes 2 : 38 « *Repentez-vous, et que chacun de vous soit baptisé au Nom de Jésus-Christ* ».

Dans **Matthieu 28 : 19** quand Jésus donnait la commission à Ses disciples de baptiser au nom du Père, du Fils, et du Saint Esprit, n'oublions pas qu'Il leur a aussi dit dans **Jean 16 : 12-13** « *J'ai encore beaucoup de choses à vous dire, mais vous ne pouvez pas les porter maintenant. Quand le Consolateur sera venu, l'Esprit de Vérité, Il vous conduira dans toute la Vérité* ».

Comment se fait-il que dix jours après la montée de Jésus au Ciel, Pierre dise : « *Soyez baptisés au Nom de Jésus-Christ* **».** Il n'y a aucune contradiction à cela. C'est le Consolateur,l'Esprit de Vérité qui ôte le voile sur **Matthieu 28 :19,** afin de conduire les disciples dans toute la Vérité sur le baptême d'eau.

Au nom du Père, du Fils, et du Saint Esprit. Dans toutes les versions de la Bible, **au nom** est au singulier,ce qui revient à dire qu'il faut un seul Nom. Quel est ce Nom ? Un titre ne nous donne pas droit au visa d'entrée dans un pays étranger, ni dans le Royaume de Dieu, il faut un Nom.

Au nom du Père : On ne peut pas avoir le titre de Père sans avoir un Nom propre. Père est un titre, quel est le Nom du Père ?

Du Fils : On ne peut pas être un Fils sans avoir un Nom propre. Fils est un titre, quel est le Nom du Fils ?

Et du Saint Esprit : Saint Esprit n'est pas un Nom comme certains peuvent le penser. Pour bien comprendre que Saint Esprit n'est pas un Nom, prenons un exemple : Moi je suis un humain, mais mon nom n'est pas humain ; de même Il est un Esprit qui est Saint, ce n'est pas Son Nom, c'est ce qu'Il est. Il est le Saint Esprit comme le démon est un mauvais esprit.

Alors ni Père, ni Fils, ni Saint Esprit, rien de tout cela n'est un Nom, ce sont les titres. Dieu n'est pas un Nom, c'est un titre. Derrière chaque titre, il y a un Nom. Quel est le Nom dans lequel nous devons être baptisés ?

Matthieu 28 : 19 est le dernier chapitre et le dernier paragraphe, c'est la fin du livre de Matthieu. Pour bien comprendre n'importe quel livre, et éviter les critiques obscènes, il faut essayer de s'identifier spirituellement à la vision de son auteur. On ne commence pas à lire un livre par la fin, on commence toujours à le lire par le début. Ainsi, revenons au premier chapitre du livre de Matthieu.

Matthieu 1 : 18 « *Voici de quelle manière arriva la naissance de Jésus Christ. Marie, Sa mère ayant été fiancée à Joseph, se trouva enceinte, par la vertu du Saint Esprit* ». Marie se trouve enceinte par la vertu de qui ? Du Saint Esprit et non de Dieu.

« *Car Dieu a tant aimé le monde qu'Il a donné Son Fils unique, afin que quiconque croit en Lui ne périsse point, mais qu'il ait la vie éternelle*» **Jean 3 : 16.**

Dans la même Bible, tantôt c'est Dieu qui est le Père de Jésus, tantôt c'est le Saint Esprit. Est-ceque Jésus a deux Pères ? Absolument pas. Nous devons donc comprendre que Dieu le Père et le Saint Esprit sont un seul et même Esprit.Vous ne pouvez pas diviser Dieu en deux ou en trois morceaux, Dieu le Père, Dieu le Fils, Dieu le Saint Esprit, et le faire accepter à un juif ni à un vrai chrétien. Dieu est unique (**Exode 15 : 11**), et indivisible (**Deutéronome 6 : 4**). Écoute, ô Israël, Jéhovah notre Dieu est un seul Dieu, pas trois dieux **(Marc 12 : 29**).

Voyons ensuite ce qu'il en est du Fils, que dit la Bible ? **Matthieu 1 : 23** « *Voici, la vierge sera enceinte, elle enfantera un Fils, et on Lui donnera le nom d'Emmanuel, ce qui signifie Dieu avec nous* ». Le Fils, c'est Dieu avec nous.

La Parole de Dieu nous a démontré que Dieu le Père, c'est le Saint Esprit.Et que le Fils, c'est Dieu avec nous. **Alors Père, Fils, et Saint Esprit, il s'agit des titres du seul et même Esprit appelé Jésus-Christ.** Le mystère du Nom dans lequel chacun de nous doit être baptisé est révélé. Il n'y a pas un autre nom donné par Dieu.

Le jour de la Pentecôte, Pierre remplit du Saint Esprit leur dit : « *Repentez-vous, et que chacun de vous soit baptisé au Nom de Jésus-Christ...* » **Actes 2 : 38**. Dieu a donné à Pierre la révélation, Il lui a donné les clés du Royaume. Ce que Pierre liera sur la terre sera lié dans les cieux, et ce qu'il déliera sur la terre sera délié dans les cieux (**Matthieu 16 : 19**). Équipé de la révélation Divine et des clés du Royaume, Jésus dit à Pierre : *« Pais mes brebis »* **Jean 21 : 17**. Si vous êtes une brebis du Seigneur, vous ne pouvez pas prétendre obéir Jésus, sans obéir votre conducteur oint du Saint Esprit. « *Obéissez à vos conducteurs et ayez pour eux de la déférence, car ils veillent sur vos âmes...* » **Hébreux 13 : 17.**

N'allez pas croire que les Paroles que Pierre prononça ce jour de Pentecôte venaient de lui. Elles venaient du Consolateur qu'il attendait, l'Esprit de Vérité appelé Jésus-Christ, qui parlait au travers du vase appelé Pierre. « *L'Esprit de l'Éternel parle par moi, et Sa Parole est sur ma langue* » **2 Samuel 23 : 2.**

Le corps ne parle pas, c'est l'Esprit qui parle. L'Esprit qui a parlé au travers de l'Homme Jésus en Galilée dans **Matthieu 28 : 19**, c'est le même Esprit qui a parlé au travers de l'homme Pierre à Jérusalem dans **Actes 2 : 38.** Il y a une harmonie parfaite entre **Matthieu 28 : 19** et **Actes 2 : 38**. Ne soyez pas embrouillé par le changement de masque, c'est Dieu Lui-même qui interprète correctement Sa Parole.

Dieu n'est pas un Dieu de désordre (**1 Corinthiens 14 :33**). Dans la Bible, il n'ya pas deux baptêmes comme les églises le font; il n'y a pas un baptême aux titres du Père, du Fils, et du Saint Esprit, et un autre baptême au Nom du Seigneur Jésus-Christ. « *Il y a un seul Seigneur, une seule foi, un seul baptême* » **Éphésiens 4 : 5**. Lisez la Sainte Bible, la Traduction du Monde Nouveau, la Bible de Jérusalem... **C'est le baptême au Nom du Seigneur Jésus-Christ qui est pratiqué dans toutes les versions de la Bible**.

Maintenant, nous découvrons que si nous sommes dispersés et confondus, ce n'est pas la Bible, ce sont les églises et les doctrines. Tout enseignement de n'importe quelle église qui n'est pas conforme à la Bible est faux. La Bible est le cep, nous sommes les sarments de même nature. Que toutes les églises, que chaque membre de l'église qui est aussi membre du Corps de Christ, retourne à la Bible, hors de toutes ces divergences et barrières qui séparent les Enfants de Dieu. Dieu a Ses Enfants dans toutes les églises. Même si nous croyons différemment, aimons nous les uns les autres, par cet amour, tous connaitrons que nous sommes les Enfants d'un même Père.

Après lecture de cette Parole, nous savons clairement de quel Nom Matthieu parlait dans les titres de Père, Fils, et Saint Esprit. Il s'agit du Nom de Jésus-Christ, un Nom unique,qui ne peut être remplacé. Celui qui jure par Lui-même **(Ésaïe 45 : 23)** ne fait rien en dehors de ce Nom. C'est au Nom de Jésus-Christ que nous chassons les démons (**Philippiens 2 : 10).** C'est au Nom de Jésus-Christ que nous prions Dieu (**Jean 16 :23).** C'est au Nom de Jésus-Christ que nous sommes sauvés (**Actes 4 :12).** C'est au Nom de Jésus-Christ que chacun de nous doit être baptisé (**Actes 2 : 38).** *« Et quoi que vous fassiez, en parole ou en œuvre, faites tout au Nom du Seigneur Jésus »* **Colossiens 3 : 17.** Pas aux titres de Père, Fils, et Saint Esprit.

Dans **Actes 2 : 37-41** Trois mille personnes reçoivent le baptême au Nom de Jésus-Christ. Dans **Actes 8 : 12-16** Les Samaritains sont baptisés au Nom de Jésus-Christ.

Les disciples de Jean Baptiste étaient **premièrement baptisés** du baptême de Jean, sans recevoir le Saint Esprit. Ils ont changé d'Église ; après avoir cru, ils ont été **baptisés une deuxième fois** au Nom du Seigneur Jésus. Lorsque Paul leur eut imposé les mains, le

Saint Esprit vint sur eux (**Actes 19 : 1-5**). Rien ne vous empêche d'être baptisé au Nom de Jésus-Christ, si vous avez été baptisé aux titres de Père, Fils, et Saint Esprit. Ayez le courage spirituel de prendre position pour la Vérité.

Le véritable Saint Esprit peut oindre un homme alors qu'il n'est pas sur le vrai chemin (**Matthieu 5 : 45**). Il y a un seul chemin qui est le chemin de Dieu (**Jean 14 : 6**). Si un prédicateur abandonne le chemin du Calvaire, et baptise sur un nom qui ne pardonne pas les péchés, il ne vous conduit pas à Jésus, il crucifie spirituellement en public le Fils de Dieu et L'expose à l'ignominie (**Hébreux 6 : 6**). Je ne voudrais pas être critique, et je crois que je ne le suis pas en disant la vérité. Aucun oiseau ne peut voler plus haut que l'aigle, aucun ministre n'est plus grand que son ministère. « *Vous observerez et vous mettrez en pratique toutes les choses que je vous ordonne ; vous n'y ajouterez rien, et vous n'en retrancherez rien* » **Deutéronome 12 : 32**.

Les esprits ne meurent pas. L'esprit malin qui avait séduit la femme au jardin d'Éden, c'est le même esprit qui séduit l'église aujourd'hui, et les gens adorent sincèrement Satan pensant qu'ils adorent Dieu. Mon peuple meurt faute de connaissance spirituelle de la Parole (**Osée 4 : 6**).

Il n'y a pas un seul cas de baptême dans la Bible où les disciples ont utilisé cette déclaration **: « Je te baptise au nom du Père, du Fils, et du Saint Esprit ».** Qui peut prouver le contraire ?

Pour le pardon de vos péchés, soyez baptisés au Nom de Jésus – Christ (**Actes 2 : 38**).

Les Apôtres ont succédé à Jésus après Sa montée au Ciel. Tous fidèles à **Matthieu 28 : 19**, ont baptisé par immersion au Nom du Seigneur Jésus-Christ, **le seul vrai baptême chrétien**.

Nicodème était un Docteur, mais il ne comprenait pas la Parole de Dieu (**Jean 3**). Les gens ont fait les études c'est bien, ils ont des diplômes je n'ai rien contre cela, mais certains ne comprennent pas la révélation du Saint Esprit. Videz-vous, et Dieu vous remplira. *« Je vous déclare, frères, que l'Évangile qui a été annoncée par moi n'est pas de l'homme ; car je ne l'ai ni reçu ni appris d'un homme, mais par une révélation de Jésus-Christ »* **Galates 1 : 11-12**.

Celui qui ne baptise pas comme les Apôtres et les disciples de Jésus, n'a pas baptisé au nom du Père, du Fils, et du Saint Esprit ; et celui qui n'est pas baptisé au Nom de Jésus-Christ, son baptême n'est pas une ordonnance biblique.*« Depuis le temps de vos pères, vous vous êtes écartés de mes ordonnances, vous ne les avez point observés. Revenez à Moi, et Je reviendrai à vous, dit l'Éternel des armées »* **Malachie 3 : 7**.

LE BAPTÊME PAR IMMERSION AU NOM DE JÉSUS – CHRIST **Actes 8 : 36-40**

CHAPITRE III : QUI EST LE VRAI PROPHÈTE DE DIEU EN CE TEMPS DE LA FIN?

Matthieu 16 : 13 « *Jésus, étant arrivé dans le territoire de Césarée de Philippe, demanda à Ses disciples : Qui dit-on que Je suis, Moi, le Fils de l'homme*» ? Fils de l'homme veut dire Prophète.

I- L'IMPORTANCE DU PROPHÈTE

Malachie 3 : 1 « *Voici, J'enverrai Mon Messager ; il préparera le chemin devant Moi. Et soudain entrera dans Son Temple le Seigneur que vous cherchez...* ». Dieu envoie toujours Son Prophète avant, Lui-même vient après (**Matthieu 3 : 11**).

Que ce soit dans l'Ancien Testament (Noé ou Moïse), que ce soit dans le Nouveau (Jean Baptiste ou Paul), que ce soit en ce temps de la fin où les prophéties de la Bible continuent à s'accomplir, **Dieu ne change pas**. Il n'a jamais parlé à Son peuple au travers d'une église ou d'une organisation, Dieu parle toujours au travers d'un Prophète.

1 Samuel 9 : 9 « *Autrefois en Israël, quand on allait consulter Dieu, on disait : Venez, et allons au voyant ! Car celui qu'on appelle aujourd'hui le Prophète s'appelait autrefois le voyant* ».

Le mot Prophète ou Voyant désigne le révélateur divin de la Parole. Le Prophète n'est pas Dieu, la Parole de Dieu vient au Prophète (**Exode 20 : 19**). Le Prophète n'est pas le Sauveur, c'est Jésus qui est mort à la croix pour nous sauver. Le Prophète est la sentinelle établie par Dieu sur Son peuple (**Ézéchiel 33 : 7**). Tout lecteur impartial devrait comprendre que le peuple ne rend aucun culte au Prophète, un pécheur sauvé par grâce.

Amos 3 : 6-7 « *...Arrive-t-il un malheur dans une ville, sans que l'Éternel en soit l'auteur ?Car le Seigneur, l'Éternel, ne fait rien sans avoir révélé Son secret à Ses serviteurs les Prophètes* ».

Le Prophète de Dieu vient avec la révélation pour rendre témoignage à la Parole, afin que ceux qui croient véritablement au Message prophétique soient épargnés du malheur. Les gens de Ninive crurent au Message du Prophète Jonas, Dieu Se repenti du mal qu'Il avait résolu de leur faire, et Il ne le fit plus (**Jonas 3**).

Matthieu 24 : 11 « *Plusieurs faux prophètes s'élèveront, et ils séduiront beaucoup de gens* ». Aucun élu ne peut être séduit. Quand la Bible parle des faux prophètes, c'est qu'il y a certainement le vrai; car les faux prophètes sont les imitateurs du vrai Prophète. Les sept fils de Scéva ont essayé d'imiter Paul (**Actes 19 : 13-16**). Quand Aaron faisait un miracle authentique, les serviteurs de Pharaon faisaient exactement la même chose par imitation (**Exode 7 : 10-12**).

Dieu n'a jamais donné à Son peuple plusieurs Prophètes majeurs en même temps comme on le voit aujourd'hui dans le monde. Deux hommes auront deux pensées, et deux façons de faire. Dieu traite toujours avec un seul Prophète, les autres sont les prophétiseurs. Noé était seul pendant le déluge, Jonas était seul à Ninive, Moïse seul avait la Parole, Jean Baptiste était le seul précurseur de la première venue de Jésus, Élie le Thischbite était seul au mont Carmel…

Dieu a prévu d'utiliser l'Esprit et la puissance d'Élie à cinq reprises. Nous déclarons les choses que nous croyons être la Vérité, et nous essayons de les prouver par la Bible pour montrer que c'est la pensée de Dieu confirmée par Sa Parole.

II- PREMIÈRE MANIFESTATION DE L'ESPRIT D'ÉLIE

Au temps du roi Achab, il y eut un Prophète de Dieu appelé Élie. Il s'était irrité à cause du péché du roi et du peuple d'Israël, qui se prosternaient devant Baal, et adoraient les idoles.

Élie s'avança et dit : Il n'y aura ni pluie ni rosée dans tout le pays d'Israël, si non à ma Parole. C'est ainsi qu'Élie le Thischbite plongea le pays dans la sécheresse. En vérité ce n'était pas Élie, c'était l'Esprit de Dieu en Élie.

Après trois années de sécheresse, conduit par l'Esprit de Dieu, Élie va rencontrer le roi Achab pour savoir qui de Baal ou de Jéhovah est le vrai Dieu. Le rendez-vous fut pris au mont Carmel, entre Achab, ses quatre cent cinquante prophètes, et Élie le Prophète de Dieu. C'était pour faire descendre le feu du ciel et consumer l'holocauste.

Du matin au soir, les quatre cent cinquante prophètes de Baal bien qu'étant nombreux, n'ont pas été exaucés par leur dieu. C'est dans les mêmes conditions que certains invoquent le feu de Dieu aujourd'hui, sans rétablir l'autel de la Parole qui a été renversé en l'an 325 au concile de Nicée.

Au temps du soir, Élie rétablit l'autel des 12 pierres qui était renversé par les prophètes de Baal. Dès qu'il invoqua l'Éternel, le Dieu d'Abraham, d'Isaac, et d'Israël (et non de Jacob), le feu de l'Éternel descendit du ciel et consuma l'holocauste (**1 Rois : 18**). Élie est confirmé Prophète de l'Éternel, le vrai Dieu, devant le roi Achab et le peuple d'Israël.

III- DEUXIÈME MANIFESTATION DE L'ESPRIT D'ÉLIE

1 Rois 19 : 15-16 « *l'Éternel lui dit : va, reprends ton chemin par le désert jusqu'à Damas ; et quand tu seras arrivé, tu oindras Hazaël pour roi de Syrie. Tu oindras aussi Jéhu, fils de Nimschi,* *pour roi d'Israël ; et tu oindras Élisée fils de Schaphath, d'Abel-Mehola, pour Prophète à ta place* ».

Élie rentre par le même chemin comme l'Éternel lui avait demandé. Il trouve Élisée entrain de cultiver son champ. Élie s'approche tranquillement et il jette son manteau sur Élisée. Celui-ci quitte son champ et ses parents pour suivre fidèlement Élie.

Élie et Élisée marchèrent ensemble depuis Guilgal, comme l'Époux et l'Épouse. Après, Élie dit à Élisée : Reste ici je te prie, l'Éternel m'envoie jusqu'à Béthel. Élisée répondit : Je ne te quitterai point. Ils descendirent ensemble à Béthel.

Arrivé à Béthel, Élie dit de nouveau à Élisée : Reste ici je te prie, l'Éternel m'envoie à Jéricho. Élisée répondit : Je ne te quitterai point. Car Élisée savait que Jéhovah devait enlever Élie.

Arrivé à Jéricho, Élie dit encore à Élisée : Reste ici je te prie, car l'Éternel m'envoie au Jourdain. Élisée répondit : Je ne te quitterai point. Ils poursuivirent tous deux leur chemin jusqu'au bord du Jourdain. Élie prit son manteau, le roula, et frappa les eaux du Jourdain qui se partagèrent ça et là, et ils passèrent tous deux le Jourdain à sec.

Étant de l'autre côté du Jourdain,Élie dit à Élisée : Demande-moi ce que tu veux que je fasse pour toi avant que je sois enlevé. Élisée répondit : Qu'il y ait sur moi je te prie, une double portion de ton Esprit.Élie dit : tu as demandé une chose difficile, mais garde ton regard sur moi. Et si tu me vois partir, alors Cela viendra sur toi.

Comme ils continuaient de marcher en parlant, voici un char de feu les séparèrent l'un de l'autre, et Élie monta au ciel dans un char. Élisée regardait le char monter, et il criait mon père, mon père, c'est à ce moment qu'Élie fît tomber son manteau sur Élisée.

Élisée prit le manteau de son père, il frappa les eaux du Jourdain et dit : Où est l'Éternel le Dieu d'Élie ? Et les eaux se partagèrent ça et là, et Élisée traversa le Jourdain à sec. Tout le peuple de Jéricho dit : L'Esprit d'Élie repose sur Élisée **(2 Rois 2 : 15).**

Élisée est le deuxième Élie, l'Esprit de Dieu qui était en Élie est descendu sur lui. Élisée fut malade, il mourut et on l'enterra. Sur qui est descendu l'Esprit d'Élie après la mort d'Élisée ?

IV- TROISIÈME MANIFESTATION DE L'ESPRIT D'ÉLIE

Avant la naissance de Jésus, Jean est celui qui avait été annoncé dans **Ésaïe 40 : 3** « *Une voix crie : Préparez au désert le chemin de l'Éternel, aplanissez dans les lieux arides une route pour notre Dieu* ».

Quand Jean naquit du sacrificateur Zacharie, et d'Élisabeth, l'ange de l'Éternel lui donna un ministère qu'il accomplira avec l'Esprit et la puissance d'Élie. « *Il ramènera plusieurs des fils d'Israël au Seigneur, leur Dieu ; il marchera devant Dieu avec l'Esprit et la puissance d'Élie, pour ramener les cœurs des pères vers les enfants, et les rebelles à la sagesse des justes, afin de préparer au Seigneur un peuple bien disposé* » **Luc 1 : 16-17.**

Pendant que le Seigneur Jésus était sur la terre, Il monta sur la montagne de la transfiguration avec Ses disciples. « *Les disciples Lui firent cette question : Pourquoi donc les scribes disent-ils qu'Élie doit venir premièrement ? Il répondit : Il est vrai qu'Élie doit venir, et rétablir toutes choses. Mais Je vous dis qu'Élie est déjà venu, qu'ils ne l'ont pas reconnu, et qu'ils l'ont traité comme ils ont voulu. De même le fils de l'homme souffrira de leur part. Les disciples comprirent alors qu'Il leur parlait de Jean Baptiste* » **Matthieu 17 : 10-13.**

Jean Baptiste, précurseur de la première venue de Jésus, est confirmé par Jésus Lui-même comme étant le troisième Élie. Mais il n'avait pas le ministère de rétablissement. Nous devons donc savoir qu'il y a un autre Élie qui doit venir après Jean Baptiste pour rétablir toutes choses. Son ministère sera plus grand, après celui du Seigneur Jésus.

V- QUATRIÈME MANIFESTATION DE L'ESPRIT D'ÉLIE

Malachie 4 : 5-6 « *Voici, Je vous enverrai Élie, le Prophète, avant que le jour de l'Éternel arrive, ce jour grand et redoutable. Il ramènera le cœur des pères à leurs enfants, et le cœur des enfants à leurs pères, de peur que Je ne vienne frapper le pays d'interdit* ».

Luc 1 : 16-17 «*Il ramènera plusieurs des fils d'Israël au Seigneur, leur Dieu ; il marchera devant Dieu avec l'Esprit et la puissance d'Élie, pour ramener les cœurs des pères vers les enfants, et les rebelles à la sagesse des justes, afin de préparer au Seigneur un peuple bien disposé*».

Beaucoup de personnes confondent ces deux textes. Le deuxième texte concerne la première venue de Jésus pour régler la question du péché au calvaire, tandis que le premier concerne la seconde venue de Jésus pour enlever Ses Enfants. Un examen, même superficiel des écritures, nous permet de savoir que **Malachie 4 : 5-6** est différent de **Luc 1 : 16-17.** « *Et le cœur des enfants à leurs pères* » dans **Malachie 4**, ne fait nullement partie du ministère de Jean dans **Luc 1**. Il ne fait aucun doute, que le ministère prophétique d'Élie doit s'accomplir dans notre Âge, avant la seconde venue de Jésus, «*pour ramener le cœur des enfants à leurs pères*»… Et cela ne peut être fait par Jean Baptiste.

En Vérité, c'est Dieu Lui-même qui ramène le cœur (**1 Rois 18 : 37**). Dieu utilise un seul Prophète pour ramener Ses enfants ou Son peuple. « *Par un Prophète l'Éternel fit monter Israël hors d'Égypte, et par un Prophète Israël fut gardé* » **Osée 12 : 14.**

Sans le Prophète, il n'y a pas un autre moyen pour le peuple de revenir à la Parole dans chaque Âge de l'Église. Les Âges de l'Église ont commencé après la Pentecôte, et se terminent à la seconde venue de Jésus. Les sept Âges, tels qu'ils sont typifiés dans **Révélation 2 et 3**, incluent toute la durée de la période pendant laquelle le Seigneur Jésus choisit Son Épouse chez les nations.

Les sept Églises sont les types des sept Âges de l'Église. Dans chaque Église ou dans chaque Âge, Dieu S'adresse à un seul Ange.Il ne s'agit pas d'un ange céleste, puisque les Églises d'Éphèse, Smyrne, Pergame, Thyatire, Sardes, Philadelphie, et Laodicée étaient sur la terre, en Asie Mineure. Il s'agit donc d'un Ange terrestre, c'est-à-dire un Messager ou Prophète.

Le roi Assuérus a envoyé **sept eunuques** auprès de la reine Vasthi (**Esther 1 : 10-11**), Dieu a envoyé **sept Messagers** à Son Église (**Révélation 1 : 20**). Après Paul à l'Âge d'Éphèse **Révélation 2 : 1-7** (53-170), Iréné à l'Âge de Smyrne **Révélation 2 : 8-11** (170-312), Martin à l'Âge de Pergame **Révélation 2 : 12-17** (312-606), Colomban à l'Âge de Thyatire **Révélation 2 : 18-29** (606-1520), Luther à l'Âge de Sardes **Révélation 3 : 1-6** (1520-1750), Wesley à l'Âge de Philadelphie **Révélation 3 : 7-13**

(1750-1906), qui est le Prophète de l'Âge de Laodicée ? **Révélation 3 : 14-22** (1906-Enlèvement).

Luc 7 : 16 « *Tous furent saisis de crainte, et ils glorifiaient Dieu, en disant :Un grand Prophète a paru parmi nous, et Dieu a visité Son peuple* ». Après les Juifs et les Samaritains, Dieu a visité les Nations de manière extraordinaire par le ministère prophétique de Son serviteur William Marrion BRANHAM. « *Confiez-vous en l'Éternel votre Dieu, et vous serez affermis. Confiez-vous en Ses Prophètes, et vous réussirez* » **2 Chroniques 20 : 20**.

Le Prophète est annoncé avant la naissance. Quand Dieu annonce le Prophète, Il ne donne pas son nom.Lisons dans **Ésaïe 40 : 3** pour l'annonce faite au sujet du Prophète Jean Baptiste. Paul était Prophète, mais plus connu comme Apôtre ; il était le Prophète du premier Âge de l'Église, il a été annoncé dans **Ésaïe 42 : 6,** et manifesté dans **Actes 13 : 47**.

Malachie 4 : 5-6 annonce certainement le Prophète BRANHAM et son ministère. « *Et si vous voulez le comprendre, c'est lui qui est l'Élie qui devait venir* » **Matthieu 11 : 14**. Cette prophétie étant accomplie en ce temps de la fin, son nom amènera la chute de ceux qui ont une foi littéraire, le relèvement de ceux qui identifient son ministère dans la Bible.

Mal comprendre Dieu est une preuve de l'aveuglement spirituel. De son vivant, Noé fut mal compris par la majorité. Jésus notre sauveur a été mal compris de Sa naissance jusqu'à Sa mort.

Marie allait être mère sans connaitre aucun homme, cela fut mal compris. À l'heure de Sa mort, Jésus dit : « *Père pardonne-leur car ils ne savent pas ce qu'ils font*», parce qu'ils L'ont mal compris. Comme l'histoire se répète, Frère BRANHAM et son Message sont mal compris par la majorité. En vérité, ce n'est pas l'homme qui est mal compris, c'est Dieu dans l'homme que certains refusent de croire.

Ce n'est pas un individu ou une église qui confirma Jean Baptiste comme étant Élie le Prophète, c'est le Seigneur Jésus Lui-même (**Matthieu 17 : 10-13**). Ce qui a été au sujet de Jean Baptiste, c'est ce qui sera au sujet de Frère BRANHAM. C'est le même Jésus dans la dimension du Saint Esprit qui confirme le Prophète BRANHAM par la révélation de Sa Parole, le discernement des secrets du cœur, la manifestation des œuvres de puissance, et la distinction par une LUMIÈRE, la Colonne de Feu que personne d'autre ne peut recevoir dans cet Âge.

Dès sa naissance le 06 avril 1909 à Burksville (Kentucky), une petite auréole pénétra dans la chambre, et vint briller intensément au-dessus du lit où le bébé était couché. Cette Colonne de Feu dès la naissance confirme que William Marrion BRANHAM est né Prophète. On ne devient pas Prophète, on naît Prophète (**Jérémie 1 : 4-5**).

Dieu avait parlé au Prophète Samuel quand il était un enfant, le même Dieu parla à frère BRANHAM quand il avait 7 ans : *« Ne bois pas, ne fume pas, et ne souille pas ton corps d'aucune façon, tu auras une œuvre à accomplir quand tu seras plus âgé ».*

Pendant son glorieux ministère, Frère BRANHAM conduisait beaucoup d'âmes au Seigneur et non à lui. Lors d'un service de baptême au mois de juin 1933 dans la rivière Ohio à Jeffersonville, pendant qu'il baptisait la 17ème personne au Nom du Seigneur Jésus-Christ, les cieux s'ouvrirent, la Colonne de Feu descendit du Ciel et S'arrêta au-dessus de sa tête, comme ce fût le cas pour Jésus dans **Matthieu 3 : 16**. Frère BRANHAM est réellement un Prophète envoyé de Dieu, différent des autres prophètes de notre génération. Écoutons-le, partout où son Message est prêché dans la pureté.

Il apparait clairement dans la Bible que Frère BRANHAM a accompli plus que **Malachie 4 : 5-6**. C'est de lui que Jésus parlait dans **Matthieu 17 : 11** pour le rétablissement de toutes choses. Il a rétabli toute la Parole comme Élie avait rétabli l'autel au mont Carmel. Dans **la Révélation des Sept Sceaux**, du 17 au 24 mars 1963, le septième Ange d'**Apocalypse 10 : 7** a révélé tous les mystères voilés dans la Bible, que personne n'avait révélée auparavant.

Sa vie prophétique a été confirmée par les visions infaillibles, et les prophéties qui se sont toujours accomplies sous le contrôle de la Parole. Le 22 juin 1933 le Prophète BRANHAM déclara : le président qui est en fonction actuellement aux Etats-Unis sera élu pour un quatrième mandat, alors qu'il était au premier. Flanklin Delano Roosevelt a été élu successivement en 1932, 1936, 1940, et 1944. « *Car ce n'est pas par une volonté d'homme qu'une prophétie a jamais été apportée, mais c'est poussé par le Saint Esprit que des hommes ont parlé de la part de Dieu* » **2 Pierre 1 : 21**.

En 1950 en Finlande, une voiture qui roulait environ à 110 km/h avait heurté de plein fouet un garçon de 8 ou 10 ans, son corps avait de nombreuses fractures, sa chair était broyée, l'enfant était mort. Une vingtaine de minutes après l'accident, devant une foule de personnes, Frère BRANHAM pria Dieu, et le petit garçon se leva vivant, tout à fait normal.

Dans la Bible, **Jean** chapitre **9**, l'Esprit qui a guérit l'aveugle-né au travers de l'Homme Jésus, c'est exactement le même Esprit qui guérit l'enfant né aveugle au travers de Frère BRANHAM, dans le Message **Je sais** paragraphe **8**. « *Celui qui croit en Moi fera aussi les œuvres que Je fais, et il en fera de plus grandes* » **Jean 14 :12**.

Conduit par l'Esprit de Dieu, Frère BRANHAM a accompli **Jean 14 : 12**. Il a fait les œuvres plus nombreuses que celles qui étaient faites et écrites dans le ministère public de Jésus. Il a mis l'accent sur la guérison de l'âme. Quelqu'un peut aller au Ciel avec un corps malade, mais personne ne peut y aller avec une âme malade.

Le plus grand miracle, c'est quand un pécheur devient chrétien.

Il dirigeait les malades vers la seule source de guérison (**1 Pierre 2 : 24**). Au travers de Frère BRANHAM, le Seigneur Jésus a guérit toutes maladies, chassé les démons, et ressuscité les morts. Mais aucun esclave n'est plus grand que son Maître. « *...et il en fera de plus grandes* » (**Jean 14 : 12**) signifie « *et il en fera de plus nombreuses* ».

La voix qui parla à Moïse du milieu du buisson ardent à Horeb, c'est la même voix qui parla à Frère BRANHAM du milieu de la Colonne de Feu à la rivière Ohio: « *Comme J'ai envoyé Jean Baptiste pour préparer Ma première venue, Je t'envoie avec un Message pour préparer Ma seconde venue* ».

Le Message de la Sentinelle fidèle et prudente, annonce que le grand et redoutable jour de **Malachie 4 : 5** est imminent ; en même temps, il appelle et prépare l'Épouse de notre Âge à l'Enlèvement. Si vous êtes encore en Égypte ou à Canaan dans la famine, nous vous invitons à Gosen **(Genèse 47),** pour croire le Message de l'Enlevement.

L'enlèvement dans un lieu d'adoration est un processus qui commence par la justification (**Romains 5 : 1**), ensuite la sanctification selon **Hébreux 13 : 12**, enfin le baptême du Saint Esprit (**1 Corinthiens 12 : 13**) pour devenir membre du Corps de

Christ. Une fois que vous êtes scellé du Saint Esprit, c'est une œuvre achevée, il n'y a rien qui puisse vous empêcher.

La Bible ne révèle pas une huitième étoile dans la main droite de Jésus (**Révélation 1 : 20**). Malgré les doctrines des imposteurs, Frère BRANHAM est notre Prophète comme Élie était le Prophète de Jézabel et Élisée. Rien ne sera enlevé en dehors du Message de Dieu apporté par le Prophète BRANHAM. Il n'est pas la LUMIERE, il vient pour rendre témoignage à la LUMIÈRE, afin que tous dans cet Âge croient véritablement par lui (**Jean 1 : 6-8**). Les élus croiront son Message, mais la plupart le rejetteront comme cela a été au temps de Noé.

Aux jours de Noé, les gens ont rejeté le Message et le Messager ; quoi qu'étant nombreux, ils sont tous morts. La Bible dit : Ce qui arriva au temps de Noé, arrivera de même au temps du Fils de l'homme.Le Dieu que vous prétendez servir en dehors de Sa volonté parfaite, c'est Lui qui vous détruira. Peu importe votre incrédulité, car votre incrédulité n'arrêtera pas Dieu, Il est souverain et Tout-Puissant.

Quand vous mangez la chair de l'Agneau rôtie au feu, n'ajoutez pas vos propres ingrédients, ne rejetez pas les herbes amères (**Exode 12 : 8**). Celui qui rejette le Prophète BRANHAM, rejette Dieu qui l'a envoyé. Celui qui croit que William Marrion BRANHAM est le Messager, écoute et met en pratique le Message de Dieu, il est une vierge sage qui reçoit l'huile de réserve dans son vase (**Matthieu 25**), c'est la foi de l'Enlèvement. Il sera enlevé avec nos chers disparus en Christ, sans passer par le jugement (**Jean 5 : 24**).

1 Thessaloniciens 4 : 15-17 « V*oici, en effet, ce que nous vous déclarons d'après la Parole du Seigneur : Nous les vivants, restés pour l'avènement du Seigneur, nous ne devancerons pas ceux qui sont morts. Car le Seigneur Lui-même, à un signal donné, à la voix d'un archange, et au son de la trompette de Dieu, descendra du Ciel, et les morts en Christ ressusciteront premièrement. Ensuite, nous les vivants, qui serons restés, nous serons tous ensemble enlevés avec eux sur des nuées, à la rencontre du Seigneur dans les airs, et ainsi nous serons toujours avec le Seigneur* ».

Cette promesse infaillible de Dieu stimule la foi de la vierge sage. La vierge folle a **la foi du salut,** mais elle n'a pas **la foi de l'Enlèvement.** Sa rédemption étant partielle, il ne lui sera pas permis d'entrer au souper des noces de l'Agneau. Elle passera par la grande tribulation, pour avoir rejeté le Prophète ou son Message.

VI- CINQUIÈME MANIFESTATION DE L'ESPRIT D'ÉLIE

« *Je ramènerai les captifs de Juda et les captifs d'Israël, et Je les rétablirai comme autrefois* » **Jérémie 33 : 7**.

Dieu avait endurci le cœur de Pharaon, c'est Dieu qui a endurci le cœur d'Hitler pour que les Juifs soient ramenés de force en Palestine.

Aujourd'hui, Israël est dans sa patrie, son drapeau flotte aux Nations Unies, il a sa propre monnaie, sa propre armée, et sa propre nation.Quand ce figuier commence à bourgeonner, sachez que le temps est proche (**Matthieu 24 : 32**). Israël est le calendrier et l'horloge de Dieu.

Tous les Israéliens ne sont pas des Juifs. Dieu traite avec les Juifs en tant que nation, et non en tant qu'individu. Les Juifs encore éparpillés à travers le monde seront ramenés en Israël par le ministère prophétique de l'un des deux témoins de Dieu. Car les Juifs croient uniquement leur Prophète. Ils ont rejetés Paul qui a été établi par Dieu pour être la lumière des nations (**Actes 13 : 44-47**).

Moïse et Élie apparaissent dans **Révélation 11** et leur prêchent Jésus-Christ pendant trois ans et demi, soit mille deux cent soixante jours. Les Juifs retourneront en Israël, comme Naomi est retournée quand elle apprit au pays de Moab que l'Éternel avait visité Son peuple, et lui a donné du pain (**Ruth 1 : 6**).

Ils y retourneront pour reconstruire le temple de Jérusalem au même endroit, rétablir le culte dans ce temple, et recevoir physiquement le Messie. Jésus reviendra aux Juifs, comme Joseph était revenu au petit Benjamin et ses frères. Il y aura un grand réveil spirituel en Israël, des dizaines de milliers des Juifs viendront à Christ en une seule fois.

La porte des nations est en train de se fermer progressivement. *« Efforcez-vous d'entrer par la porte étroite. Car, Je vous le dis, beaucoup chercherons à entrer, et ne le pourrons pas »* **Luc 13 : 24**. Quand le salut retournera chez les Juifs d'où il est venu (**Jean 4 :22**), la dispensation des nations sera arrivée à son terme. L'Église sera enlevée, le Saint Esprit ôté, vous ne pouvez plus devenir chrétien pendant la grande tribulation. C'est notre temps de grâce d'entrer pendant que la porte est entre ouverte.

Dieu a caché ces mystères aux sages et aux intelligents selon le monde, Il les a révélés aux humbles (**Matthieu 11 :25**). La révélation sur les sept Âges de l'Église, et sur les cinq manifestations de l'Esprit d'Élie est confirmée en tout point par la Bible. « *Car je vous ai annoncé tout le conseil de Dieu, sans en rien cacher* » **Actes 20 : 27**. Si le conseil de Dieu que je vous annonce est encore voilé, il est voilé pour ceux qui périssent (**2 Corinthiens 4 : 3**). Le Voile du Temple a été déchiré en deux, allez jusqu'à **1 Rois 6 : 16.** « *Vous connaitrez la Vérité, et la Vérité vous affranchira* » **Jean 8 : 32**.

ÉLIE LE PROPHÈTE DE MALACHIE 4 : 5

WILLIAM MARRION BRANHAM ET LE SIGNE QUI PROVOQUE LA CONTRADICTION AUJOURD'UI

La Colonne de Feu au-dessus de la tête du Prophète BRANHAM est une authenticité qui vient du Ciel. Elle a été photographiée en janvier 1950, à Houston, au Texas, et accompagnait le Prophète de Dieu depuis sa naissance jusqu'à la fin de son ministère. C'est la même Colonne de Feu qui rencontra Jésus au bord du Jourdain (**Matthieu 3 :16**), Saul de Tarse en chemin pour Damas (**Actes 9**), et Moïse au travers du buisson ardent à Horeb (**Exode 3**).

George J. Lacy
Examinateur des documents contestés
Édifice Shell
Houston, Texas

Le 29 janvier 1950

RAPPORT ET OPINION

Objet : Négatif contesté

Le 28 janvier 1950, à la demande du révérend Gordon Lindsay, qui représentait le révérend William Branham de Jeffersonville, Indiana, j'ai reçu des studios Douglas, du 1610 avenue Rusk de notre ville, une pellicule photographique de 4 x 5 pouces, exposée et développée. Cette image aurait été prise du révérend William Branham par les studios Douglas, au stade Sam Houston, lors de la visite du révérend Branham dans notre ville à la fin janvier 1950.

DEMANDE

Le révérend Lindsay me demanda de procéder à un examen scientifique dudit négatif. Il me demanda de déterminer, dans la mesure du possible, si oui ou non, selon mon avis, il y aurait eu, après le développement de la pellicule, retouche ou "falsification" du négatif, ce qui aurait eu pour résultat de faire apparaître un rai de lumière, une auréole, au-dessus de la tête du révérend Branham.

EXAMEN

J'ai procédé à un examen macroscopique et microscopique minutieux de cette pellicule, sur toute sa surface et des deux côtés; il s'agissait d'un film Eastman Kodak. Les deux côtés de la pellicule ont été examinés à l'aide d'une lumière ultraviolette avec filtre, et des photos infrarouges de la pellicule ont été prises.

MEMBRE DE LA SOCIÉTÉ AMÉRICAINE DES EXAMINATEURS DE DOCUMENTS CONTESTÉS

Rapport et opinion - Page 2 - Le 29 janvier 1950

L'examen microscopique n'a révélé aucune retouche de la pellicule à aucun endroit que ce soit par aucun des procédés utilisés dans les retouches commerciales. De même, l'examen microscopique n'a révélé aucune altération de l'émulsion ni dans le rai de lumière en question ni autour de celui-ci.

L'examen à l'aide de la lumière ultraviolette n'a révélé aucune matière étrangère, ni aucune trace de réaction chimique sur aucun des deux côtés du négatif, lesquelles auraient pu provoquer ce rai de lumière après développement du cliché.

De même, la photo infrarouge n'a pas laissé voir le moindre indice qui porterait à croire que la pellicule aurait été retouchée.

De même, l'examen n'a révélé aucun indice pour porter à croire que le négatif en question serait un négatif combiné ou un négatif de double exposition.

Rien n'a été trouvé pour porter à croire que le rai de lumière en question aurait été produit au cours du procédé de développement. De même, rien n'a été trouvé pour porter à croire que la pellicule n'ait pas été développée selon la procédure classique et habituelle. Rien d'anormal n'a été trouvé au niveau de la densité comparable des hautes lumières.

OPINION

En me fondant sur l'examen et l'étude ci-haut mentionnés, je suis de l'avis bien arrêté que le négatif soumis pour examen n'a pas été retouché, et qu'il ne s'agit pas non plus d'un négatif combiné ou de double exposition.

De plus, je suis de l'avis bien arrêté que ce rai de lumière qui apparaît au-dessus de la tête, en forme d'auréole, a été produit par la lumière qui a frappé le négatif.

Respectueusement,

GJL/ll

CHAPITRE IV : JÉSUS CHRIST FILS DE DIEU OU DIEU TOUT-PUISSANT ?

De même que nous rencontrons diverses églises, aussi trouvons-nous diverses doctrines sur Dieu, et diverses appellations à Son sujet : **Jéhovah** pour les uns**, Jésus-Christ** pour les autres…

C'est avec une sainte crainte, que je m'engage à écrire ce court message, sur le vaste thème de la Divinité Suprême de Jésus Christ le Fils de Dieu. « *Car un Enfant nous est né, un Fils nous est donné, et la domination reposera sur Son épaule ; on L'appellera Admirable, Conseiller, Dieu puissant, Père éternel, Prince de la paix* » **Ésaïe 9 : 5**.

C'est un mystère d'appeler le Fils, Père éternel. Dieu rend compréhensible les mystères qui sont incompréhensibles. Personne ne connait les mystères de Dieu, si ce n'est l'Esprit de Dieu, et l'Esprit de Dieu les révèle seulement à celui qui est humble.

I- CONNAÎTRE LE VRAI DIEU POUR ÉVITER L'IDOLÂTRIE

Pour connaître le vrai Dieu, vérifions les sept caractéristiques suivantes que Dieu ne partage avec personne :

1) **L'immuabilité:** Dieu est immuable revient à dire que Dieu ne change pas, Il est toujours le même. *« Car Je suis Jéhovah, Je ne change pas ... »* **Malachie 3 : 6.**

2) **L'Éternité :** Dieu est éternel, Il n'a ni commencement, ni fin. **Psaumes 90 : 2** « *Avant que les montagnes fussent nées, et que Tu eusses créé la terre et le monde, d'éternité en éternité Tu es Dieu* ».

3) **L'Unicité :** Dieu est un Être unique, Il ne peut être comparé à aucun autre dieu. **Exode 15 : 11** « *Qui est comme Toi parmi les dieux, Ô Éternel ? Qui est comme Toi magnifique en sainteté, digne de louanges, opérant des prodiges*» ?

4) **La souveraineté :** Dieu est le seul Être souverain, Il prend Ses décisions et les applique comme Il veut, sans consulter ni rendre compte. Personne n'est capable de Lui faire obstacle. **Job 42 : 2** « *Je reconnais que Tu peux tout, et que rien ne s'oppose à Tes pensées* ».

5) **L'omniscience :** Dieu est omniscient revient à dire que Dieu connaît tout, et que rien ne Lui échappe. Il connaît la fin d'une chose avant son commencement. **Jérémie 1 : 5** « *Avant que Je t'eusse formé dans le ventre de ta mère, Je te connaissais, et*

avant que tu fusses sorti de son sein, Je t'avais consacré, Je t'avais établi Prophète des nations ».

6) **L'omniprésence :** L'omniprésence de Dieu ne veut pas dire que Dieu est présent partout au même moment. Il est omniprésent parce qu'Il peut Se manifester partout en même temps. Aucune manifestation de Dieu n'est Dieu Lui-même.

Dieu n'est pas en enfer ; un lieu de tourments, de pleurs, et de grincements de dents réservé uniquement aux pécheurs. Beaucoup de gens pensent que Dieu habite dans l'église, ils s'inclinent et font un signe d'adoration devant le bâtiment. Dieu n'habite pas dans des temples faits de main d'homme (**Actes 17 : 24**).

Dieu a toujours eut une demeure, parce qu'Il est un Être, l'Être Suprême. Jéhovah était au Ciel (**Psaumes 115 : 3**). Dieu habitait dans le corps de Jésus (**Colossiens 2 : 9**). Aujourd'hui, Dieu est dans Son Église (**1 Corinthiens 3 : 16),** et non en un seul individu.

7) **L'omnipotence :** Dieu est omnipotent c'est-à-dire qu'Il est Tout-Puissant, Lui seul est illimité en puissance. **Genèse 17 : 1** « *Lorsque Abram fut âgé de quatre-vingt-dix-neuf ans, l'Éternel apparut à Abram, et lui dit :* ***Je suis le Dieu Tout-Puissant****. Marche devant Ma face, et sois intègre* ».

Maintenant que nous connaissons ces caractéristiques du seul vrai Dieu qu'aucun homme ne peut remplir, c'est une malédiction de donner la place du Dieu invisible à un homme de chair, qu'il soit du Kentucky ou de Nazareth (**Jérémie 17 : 5**).

II- JÉSUS HOMME DE NAZARETH

Les investissements (le 24/11/1962) page 17 paragraphe 45. *« Et quand elle arriva là-bas, elle vit un Homme, un Homme ordinaire, pas un sacrificateur, Il ne portait aucun indice dénominationnel, Il était juste un Homme ordinaire. Et elle Le regarda, et Celui-ci dit : donnes-Moi à boire… »*

Jésus de Nazareth était un Homme ordinaire, Il eut un commencement, Il naquit à Bethlehem, d'une femme appelée Marie. Tout ce qui a un commencement sur la terre a certainement une fin ;Il mourut à Golgotha. À l'heure de Sa mort, Il cria à la croix : *« Mon Père, Mon Père, pourquoi M'as-Tu abandonné ? »* **Matthieu 27 : 46**. L'Esprit L'avait quitté, il fallut qu'Il meurt comme un homme. Joseph d'Arimathée l'enveloppa d'un linceul, et Le déposa dans un sépulcre **(Luc 23 : 50-54).**

Nazareth était une ville de refuge pour Lui, où Il passa une partie de Son enfance, et sera appelé Nazaréen. La Bible dit que Jésus de Nazareth était un Homme (**Actes2 : 22-23**). Un Homme à la mesure de la stature parfaite de Christ (**Éphésiens 4 : 13**). Il connaissait Dieu, et Il L'adorait (**Jean 4 : 22**).

Aucun Homme ne peut être Son propre Père, Son Père est plus grand que Lui (**Jean 14 : 28**). Jésus était le Fils premier né parmi Ses demi-frères :Jacques, Jean, Jude…Il avait le droit de Se marier, mais Il a consacré Sa vie pour nous. Il ne pouvait rien faire de Lui-même (**Jean 8 : 26-28),** Il priait Dieu (**Matthieu 26 : 36**).

L'Homme de Nazareth mangeait et buvait (**Matthieu 11 : 19),** Il a jeûné 40 jours et 40 nuits. On Le voyait marcher dans les rues de Galilée ou de Samarie, Il Se reposait quand Il était fatigué (**Jean 4 : 6**), Simon de Cyrène un homme des champs L'aida à porter Sa croix en bois.

Montrant Sa nature humaine, Jésus de Nazareth pleura au tombeau de Lazare. Homme de douleur et habitué à la souffrance (**Ésaïe 53 : 3**), Il fut arrêté, battu, mis en prison, jugé et condamné à mort par les hommes. On Lui avait craché dessus, on s'était moqué de Lui, Il était suspendu à la croix, ensanglanté, et mourant.

Dieu ne fait,et ne subit rien de tout cela. Nous pouvons dire sans aucun risque que Jésus de Nazareth n'était pas Dieu Tout-Puissant, Il était un Enfant qui grandissait physiquement. C'est Lui le Fils de Dieu venu en chair et en os pour nous sauver **(Matthieu 1 : 21).**

Jésus, le Fils de Dieu est descendu de la Gloire. Il a payé le prix de nos péchés pour toujours, Il a ouvert le chemin de Dieu à tous. Peu importe si quelque chose semble aller mal, face au Calvaire, la victoire est assurée.

III- JÉSUS–CHRIST LE DIEU VÉRITABLE

Il y a le vrai Dieu, Lequel est créateur de toutes choses. Il y a les dieux amateurs, qui sont les Fils du vrai Dieu. Et les faux dieux, lesquels ne sont que des idoles. Tout ce qu'on adore, on en fait un dieu. « *Je suis l'Éternel, c'est là mon nom ; et Je ne donnerai pas Ma gloire à un autre, ni Mon honneur aux idoles* » **Ésaïe 42 : 8**.

« *Dieu est Esprit* » **Jean 4 : 24.** L'homme n'est pas esprit. Un Esprit n'a ni chair ni os (**Luc 24 : 39).** Personne n'a jamais vu Dieu, ni Sa photo. Dieu Se manifeste, Satan aussi. Satan est un esprit, mais il n'est pas éternel. Il y a un seul Esprit éternel. Il change simplement de dispensation, de masque, et d'appellation: Dieu au-dessus de nous, c'est Jéhovah dans la dispensation de Père. Dieu avec nous, c'est Emmanuel dans la dispensation de Fils. Dieu en nous, c'est le Saint Esprit dans la dispensation de Conducteur. C'est ce changement de dispensation et de Nom qui embrouillent les trinitaires et bien d'autres. Pourtant c'est le même Dieu, car il y a un seul vrai Dieu (**Jean 17 : 3**).

Dans l'éternité: Élohim est le Nom de l'Esprit éternel avant la création. Il n'était pas Dieu parce qu'Il n'avait rien créé, il n'y avait personne pour L'adorer.« *Au commencement, Dieu créa les cieux et la terre* » **Genèse 1.**

Dans le ciel : Une Lumière appelée la Colonne de Feu, encore appelée le Logos ou la Parole, était sortie d'Élohim. C'est la première forme visible de Dieu, et tout Élohim S'est déversé dans la Colonne de Feu, celle-ci prend le Nom de Jéhovah. **Exode 13 : 21** « *Jéhovah allait devant eux, le jour dans une Colonne de Nuée pour les guider dans leur chemin, et la nuit dans une Colonne de Feu pour les éclairer, afin qu'ils marchassent jour et nuit*».

Sur la terre : Jéhovah qui était dans la Colonne de Feu quitte le Ciel pour habiter avec les hommes, Il prend le Nom de Jésus-Christ.Tout Dieu qui était dans la Colonne de Feu (Jéhovah) S'est déversé en Jésus Christ. **Colossiens 2 : 9** « *Car en Lui habitait corporellement toute la plénitude de la Divinité* ».

Dans la loi des contenances, le contenant Jésus de Nazareth prend le Nom du contenu Jésus-Christ sans toutefois être ce dernier. Une bonne compréhension de cette loi nous apportera le discernement entre Jésus de Nazareth, le Fils de Dieu qui est le vase, et Jésus-Christ, Dieu Tout-Puissant qui est le contenu, c'est-à-dire le Père.

Jean 16 : 10 Jésus dit : «*... Je vais au Père, et que vous ne Me verrez plus* ».Le même Jésus dit dans **Jean 14 : 10** :« *Le Père demeure en Moi, c'est Lui qui fait les œuvres* ». Il a ressuscité Lazare, apaisé les eaux, discerné les pensées... Dieu le Père demeure dans le Fils conformément à **Col 2 : 9**. La question sur la Divinité Suprême du Fils de Dieu est clairement réglée.

Chaque Parole de Jésus a un contexte bien précis. Il ne faut pas confondre les Paroles de Jésus Fils de Dieu, à celles de Jésus

Dieu Tout-Puissant. Quoique toutes ces Paroles sortent d'une même bouche, il faut avoir le discernement pour adorer le vrai Dieu.

1 Jean 5 : 20-21 « *Nous savons aussi que le Fils de Dieu est venu, et qu'Il nous a donné l'intelligence pour connaître le véritable ; et nous sommes dans le véritable, en Son Fils Jésus-Christ. C'est Lui qui est le Dieu véritable, et la vie éternelle. Petits enfants, gardez-vous des idoles* ». C'est un conseil et un avertissement pour ceux qui adorent un autre dieu en dehors du Seigneur Jésus-Christ, c'est l'idolâtrie.

« *Ainsi, dès maintenant, nous ne connaissons personne selon la chair ; et si nous avons connu Christ selon la chair, maintenant nous ne Le connaissons plus de cette manière* » **2 Corinthiens 5 : 16.** C'est Lui le seul vrai Dieu, créateur des cieux et la terre. « *Et encore : Toi, Seigneur, Tu as au commencement fondé la terre, et les cieux sont l'ouvrage de Tes mains* » **Hébreux 1 : 10.**

Le Seigneur Jésus-Christ n'est pas seulement créateur des cieux et la terre. « *Car en Lui ont été créées toutes les choses qui sont dans les cieux et sur la terre, les visibles et les invisibles, trônes, dignités, domination, autorités. Tout a été créé par Lui et pour Lui. Il est avant toute chose, et toute chose subsiste en Lui* » **Colossiens 1 : 16-17**.

Aucun homme ne s'est créé lui-même, et aucun homme n'a rien créé. Les choses invisibles existent déjà au milieu des choses visibles, elles sont parfois pourvues par le créateur (**Genèse 22 : 3 - 14**). L'homme est une création et non le créateur. Dieu a donné à l'homme Son glorieux Saint Esprit pour Le représenter en Parole et en œuvre. Jésus a dit à Philippe : « *Celui qui M'a vu a vu le Père* » **Jean 14 : 9**.

Les gens croient Dieu quand Il était en Moïse pour sortir Son peuple de l'esclavage en Égypte. Ils croient Dieu quand Il était en Jésus de Nazareth pour sortir le peuple de la loi à la grâce. Mais ils ne croient pas le même Dieu quand Il vient en Frère BRANHAM avec un Message pour appeler et préparer le peuple à l'Enlèvement.

Dieu n'est pas seulement un Dieu du passé, mais du présent, et du futur. La révélation la plus importante de toute la Bible est de savoir que Jésus-Christ est le même hier, aujourd'hui, et éternellement **(Hébreux 13 : 8)**. Si vous ne le croyez pas, vous êtes pécheur. Dire la vérité à un incrédule, c'est comme jeter les perles d'or devant un porceau.

IV- JÉHOVAH DE L'ANCIEN TESTAMENT C'EST JÉSUS-CHRIST DU NOUVEAU TESTAMENT

Dieu est un titre, le Nom de Dieu dans l'Ancien Testament c'est Jéhovah, dans le Nouveau Testament c'est Seigneur Jésus-Christ.

Dans l'Ancien Testament, l'Esprit éternel S'est rendu visible pour la première fois dans un **corps spirituel** appelé la Colonne de Feu, sous le Nom de Jéhovah. Tandis que dans le Nouveau Testament, le même Esprit S'est fait connaître dans un **corps physique** appelé Jésus Christ.

Le Nom de Jésus-Christ ne figure nulle part dans l'Ancien Testament.

Pourtant, Jésus-Christ désigne le même Dieu que Jéhovah. Le chrétien qui est bien enseigné sur la manière de l'Esprit éternel de Se révéler en Jéhovah dans l'Ancien Testament, lui seul à la lumière de cette révélation en Jésus-Christ dans le Nouveau Testament.

Ancien Testament **Malachie 3 : 6** *« Car Je suis Jéhovah, Je ne change pas... »*. Nouveau Testament **Hébreux 13 : 8** *« Jésus-Christ est le même hier, aujourd'hui, et éternellement »*. Un seul est Éternel.

Ancien Testament **Ésaïe 43 : 11***« C'est Moi, Moi qui suis Jéhovah, et hors Moi il n'y a point de sauveur »*. Nouveau Testament **Actes 4 : 12** *« Il n'y a de salut en aucun autre ; car il n'y a sous le ciel aucun autre Nom qui ait été donné parmi les hommes, par lequel nous devions être sauvés »*. Un seul est Sauveur.

Ancien Testament **Ésaïe 44 : 6** *« Ainsi parle Jéhovah... Je suis le premier et Je suis le dernier, et hors Moi il n'y apoint de*

Dieu ». Nouveau Testament **Révélation 1 : 8** « *Je suis l'Alpha et l'Oméga, dit le Seigneur Dieu, celui qui est, qui était, et qui vient, le Tout-puissant »*. Un seul est Premier et Dernier.

Ancien Testament **Genèse 1 : 1** *« Au commencement, Dieu créa les cieux et la terre »*. Nouveau Testament **Hébreux 1 : 10** *« Et encore : Toi, Seigneur, Tu as au commencement fondé la terre, et les cieux sont l'ouvrage de Tes mains »*. Il y a un seul Créateur.

« Un fait ne pourra s'établir que sur la déposition de deux ou de trois témoins » **Deutéronome 19 : 15.**

Les passages de l'Ancien Testament qui sont les paroles prophétiques, ainsi que les passages du Nouveau Testament qui sont les paroles apostoliques, nous confirment que Jéhovah de l'Ancien Testament, c'est Jésus-Christ du Nouveau Testament.

CONCLUSION

« *Cherchez premièrement le Royaume et la justice de Dieu ; et toutes ces choses vous seront données par-dessus* » **Matthieu 6 : 33.** Quelque soit la chose que vous faites, mettez tout de côté, jusqu'à ce que vous ayez la véritable nouvelle naissance, sans laquelle personne ne peut entrer dans le Royaume de Dieu, ni être membre du Corps de Christ.

Il n'y a pas un membre du Corps sans don **(1 Corinthiens 12).** Certains dirigeants pensent que les laïcs n'ont rien à dire.Ne soyez pas réduits à écouter seulement, vous avez droit d'examiner (**Actes 17 : 11**), de poser sagement des questions, et de retenir ce qui est bon (**1 Thessaloniciens 5 : 21**). Chacun de nous est appelé pour un ministère public ou privé. Bien que nous soyons sauvés par grâce et non par les œuvres, le véritable salut produira toujours les œuvres. Ne cachez pas dans la terre le don que Dieu vous a donné, notre devoir c'est de faire valoir le don avant le retour du Maître (**Matthieu 25 : 14-18**).

Il n'y a plus de délai pour la seconde venue de notre Seigneur, nous sommes dans les prolongations de la grâce, c'est le temps du dernier rassemblement de l'Épouse de Christ, qui n'entrera pas au ciel en rangs dispersés. Il est donc urgent pour nous de briser nos barrières doctrinales, de nous aligner sur ce que Dieu a dit, afin d'apporter le **Message de Dieu** dans sa pureté à ceux qui ont faim ou soif de la **Vérité présente**, et aux glaneurs qui se nourrissent encore des rudiments. « *Celui qui connaît Dieu nous écoute ; celui qui n'est pas de Dieu, ne nous écoute pas : C'est par là que nous connaissons l'Esprit de la Vérité et l'esprit de l'erreur* » **1 Jean 4 : 6.**

Bible en main, après lecture et examen de ce petit livre, ceux qui sont appelés à sortir ressusciterons de leur tombeau pour une nouvelle vie en Christ. Ne mangez plus la nourriture des corbeaux (**1 Rois 17 : 6**), ni des coloquintes sauvages (**2 Rois 4 : 39-40**). Au Sabino Canyon, le Prophète BRANHAM a reçu du ciel, **l'Épée du Roi** des Juifs et des Nations, pour authentifier son ministère, et présenter au peuple la nourriture des colombes.

La Parole de Dieu sort uniquement de la bouche du Prophète (**Deutéronome 5 : 5**). Moïse était un Prophète Dieu (**Exode 4 : 16**), authentifié par la Colonne de Feu, lui seul avait la Parole. « *Moïse a dit : Le Seigneur votre Dieu vous suscitera d'entre vos frères un Prophète comme moi ; vous l'écouterez dans tout ce qu'il vous dira, et quiconque n'écoutera pas ce Prophète sera exterminé du milieu du peuple* » **Actes 3 : 22-23.**

Le Roi des Juifs est plus grand que Moïse. Jésus était le Dieu Prophète, né d'une vierge, mort, ressuscité, Il est monté au Ciel. Jésus n'est pas comme Moïse, et Sa gloire est supérieure à celle de Moïse (**Hébreux 3**).

Actes 3 : 22-23 est accompli en notre précieux Frère BRANHAM. Suscité par Dieu, et dévoilé dans la Bible par son ministère, il est plus qu'un Prophète (**Luc 7 : 26**). La Divinité était enveloppée dans son corps, mais il n'est pas Dieu adorable. En ce temps de la fin, lui seul est authentifié par la même Colonne de Feu que Moïse. Écoutons, croyons, et mettons en pratique son Message parfait. C'est l'unique voie pourvue par Dieu dans notre génération pour monter sur des nuées, à la rencontre du Seigneur Jésus dans les airs.

« ...Une Nuée Le déroba à leurs yeux. Et comme ils avaient les regards fixés vers le Ciel pendant qu'Il S'en allait, voici, deux hommes vêtus de blanc leur apparurent, et dirent : Hommes Galiléens, pourquoi vous arrêtez-vous à regarder au Ciel ? Ce Jésus, qui a été enlevé au Ciel du milieu de vous, viendra de la même manière que vous L'avez vu allant au Ciel » **Actes 1 : 9-11.**

Autrefois, les Juifs attendaient la venue du Messie, mais le Messie était là, et ils ne L'ont pas reconnu. Comme la femme Samaritaine au puit, l'Épouse des Nations doit connaître son jour, et son Signe.

Cette Nuée mystérieuse était à plus de 42 km d'altitude, et mesurait plus de 50 km de large. Elle a été photographiée au-dessus de Flagstaff en Arizona, le 28 février 1963. Cette photo a paru pour la première fois dans le magazine Life du 17 mai 1963. Quel est le rapport entre la descente de cette Nuée, et **Actes 1 : 9-11 ?**

SOURCES D'INSPIRATION

LA SAINTE BIBLE
Version Louis Segond 1910
JE SAIS
Prêcher le 17 avril 1960
LA SEMENCE DU SERPENT
Prêché le 28 Septembre 1958
VOUS DEVEZ NAÎTRE DE NOUVEAU
Prêché le 31 Décembre1961
LES ŒUVRES SONT LA FOI EXPRIMÉE
Prêché le 26 novembre 1965
LES ESPRITS SEDUCTEURS
Prêché le 24 juillet 1955
LE CHRISTIANISME CONTRE L'IDOLATÂTRIE
le 17 décembre 1961
LES OINTS DU TEMPS DE LA FIN
Prêché le 25 juillet 1965
LES NOMS BLASPHÉMATOIRES
Prêché le 04 novembre 1962
EXPOSÉ DES SEPT ÂGES DE L'ÉGLISE
Prêché du 04 au 11décembre 1960
LA STATURE D'UN HOMME PARFAIT
Prêché le 14 Octobre 1962
LA DIVINITÉ EXPLIQUÉE
Prêché le 25Avril 1962
L'HISTOIRE DE MA VIE
Prêché le 19 Avril 1959
LA RÉVÉLATION DES SEPT SCEAUX
Prêché du 17 au 24 Mars 1963

LES SOIXANTE-DIX SEMAINES DE DANIEL
Prêché le 06 août 1961
QUELLE EST L'ATTRACTION SUR LA MONTAGNE ?
Prêché le 25 Juillet 1965
CE JOUR-LÀ SUR LE CALVAIRE
Prêché le 25 Septembre 1960
TOUNER LES REGARDS VERS JÉSUS
Prêché le 29 Décembre 1963
LE CHOIX D'UNE ÉPOUSE
Prêché le 2 9 Avril 1965
LES INVESTISSEMENTS
Prêché le 24 Novembre 1962
LE MARIAGE ET LE DIVORCE
Prêché le 21 Février 1965
L'ENLÈVEMENT
Prêché le 04 Décembre 1965

Il y a plus de 1200 Sermons du Prophète BRANHAM, enregistrés sur les bandes magnétiques, et traduit dans les brochures en plusieurs langues.

Contactez :
La Voix de Dieu
C.P. 156 Succursale C
Montréal (Québec) Canada H2L 4K1

yes
I want morebooks!

Buy your books fast and straightforward online - at one of world's fastest growing online book stores! Environmentally sound due to Print-on-Demand technologies.

Buy your books online at
www.morebooks.shop

Achetez vos livres en ligne, vite et bien, sur l'une des librairies en ligne les plus performantes au monde!
En protégeant nos ressources et notre environnement grâce à l'impression à la demande.

La librairie en ligne pour acheter plus vite
www.morebooks.shop

KS OmniScriptum Publishing
Brivibas gatve 197
LV-1039 Riga, Latvia
Telefax: +371 686 204 55

info@omniscriptum.com
www.omniscriptum.com

Printed by Books on Demand GmbH, Norderstedt / Germany